AF348111

# NAVIRES A ÉPERON

PAR

M. LE CONTRE-AMIRAL LABROUSSE

EXTRAIT DE LA REVUE CONTEMPORAINE

(Livraison du 30 avril 1864)

PARIS

IMPRIMERIE DE DUBUISSON ET Cᵉ

Rue Coq-Héron, 5

—

1864

14068

DES

# NAVIRES A ÉPERON

---

Les questions militaires sont à l'ordre du jour. L'opinion publique, tout en souhaitant la paix, ne peut se faire illusion sur les éventualités possibles de la situation politique. Sous l'empire de cette préoccupation, il est naturel qu'elle désire être tenue au courant des progrès accomplis et des réformes projetées, en tout ce qui touche à la défense du pays. Elle tient à connaître les ressources des divers Etats, les armes récemment inventées, les moyens actuels d'attaque et de défense ; elle veut, en un mot, pouvoir calculer, dans une certaine mesure, quelles seraient nos chances de succès si une lutte sérieuse venait malheureusement à éclater en Europe.

Parmi les questions qui excitent au plus haut degré l'attention publique, celles qui touchent à nos intérêts maritimes se présentent naturellement, non pas que la France entretienne le rêve dangereux de conquérir, dans un avenir plus ou moins lointain, une suprématie absolue sur les mers, mais simplement parce qu'il importe que la modération de ses vues puisse exercer partout sa juste influence, grâce à l'établissement d'un sage équilibre entre les marines des diverses nations européennes. A ce point de vue, on nous saura peut-être gré d'ajouter à ce qui a été déjà publié sur les navires cuirassés quelques détails relatifs plus particulièrement aux bâtiments qui, tels que le *Magenta* et le *Solferino*, semblent, sous certains rapports, être aujourd'hui, dans la flotte française, le type le plus avancé de la puissance navale.

Nous n'aurons, pour remplir cette tâche, qu'à faire appel à des documents[1] ou à des souvenirs de date déjà assez ancienne. Cette étude rétrospective n'aura pas seulement pour objet d'apprendre au public que, depuis vingt-cinq ans, des officiers français élaborent, pour nos vaisseaux, un armement spécial, avantageux au pays ; elle servira surtout à éclairer le public sur les résultats qu'on est en droit d'attendre des perfectionnements indispensables que vient de recevoir le matériel de notre marine militaire.

I

Nous n'avions pas attendu le développement de la marine à vapeur pour reconnaître que ce nouveau moteur, qui met à la disposition de l'homme une force aussi docile que puissante, était de nature à amener dans les conditions de la guerre maritime un changement avantageux pour la France. A nos yeux, ce changement devait consister à déplacer à notre profit la supériorité navale, en renforçant nos équipages par l'adjonction de soldats aguerris contre le mal de mer.

L'histoire de la marine dans l'antiquité nous offre plusieurs exemples d'un semblable déplacement de force et de suprématie maritimes, obtenu dans des circonstances analogues. C'est ainsi que les Romains dépossédèrent les Carthaginois de l'empire des mers par l'invention du *corbeau*, qui annulait la supériorité résultant du grand nombre et de l'habileté des marins ennemis, en permettant aux consuls de tirer parti, sur mer aussi bien qu'en terre ferme, de leurs invincibles légionnaires.

Nous trouvons un exemple du même genre, et non moins décisif, à l'époque des derniers déchirements de Rome républicaine, prête à devenir la Rome des Césars. Octave, depuis deux années, n'avait éprouvé que des revers dans la guerre maritime qu'il avait à soutenir contre Sextus Pompée, maître de toutes les grandes îles de la Méditerranée, qui lui fournissaient de nombreux navires et d'habiles matelots. Le lieutenant d'Octave perfectionna l'invention du corbeau, attaqua la flotte ennemie, et la força à accepter le combat à l'abordage. La victoire fut encore plus complète, dans cette circonstance, que dans celle qui avait jadis valu le triomphe à Duilius.

Mais avant l'invention du corbeau, l'antiquité avait fait usage du *rostrum* ou éperon, dont la puissance était des plus redoutables. Ce

---

[1] Nous ferons notamment plusieurs emprunts au rapport que M. de Jonquières, alors lieutenant de vaisseau, fit sur cette question au conseil d'amirauté, dont il était membre, dans le courant du mois d'août 1849.

fut à cette arme, non moins qu'au choix heureux du champ de bataille, que la Grèce dut son salut à Salamine.

En cherchant à nous rendre compte des motifs qui plus tard firent abandonner aux peuples navigateurs de l'antiquité l'usage du rostrum, nous avons constaté que les galères, augmentant progressivement de dimensions, et néanmoins toujours mises en mouvement, dans le combat, par la force bornée de l'homme, ne pouvaient plus acquérir un degré de vitesse suffisant, et par conséquent une force d'impulsion susceptible de percer les murailles des navires, murailles dont la solidité avait dû prendre un accroissement proportionnel à celui de la grandeur des bâtiments.

Mais aujourd'hui que la vapeur a remplacé, dans ces circonstances, la force de l'homme, et que ce nouveau moteur permet d'imprimer aux navires des vitesses non-seulement égales, mais encore bien supérieures à celles des galères antiques, la question est redevenue ce qu'elle était jadis, et les effets directs du choc devront logiquement redevenir le principal agent de destruction. Dès lors, il nous parut évident que si, au début d'une guerre, nous pouvions produire inopinément des navires munis d'un éperon, ils opéreraient en notre faveur une diversion puissante. Ce détail explique comment et dans quel but nous avions été conduit, dès 1840, lorsque la guerre paraissait imminente, à proposer d'armer ainsi nos bâtiments à vapeur. Depuis cette époque, le combat du *Merrimac* a prouvé que nous ne nous étions pas trompé dans nos prévisions.


## II


Nos idées sur cette importante question furent exposées, dès l'année 1840, dans un mémoire que M. le vice-amiral Lalande voulut bien se charger de remettre à l'amiral Duperré, alors ministre de la marine, et qui ne tarda pas à être soumis à l'examen d'une commission composée de MM. Boucher, inspecteur général du génie maritime, d'Oysonville, capitaine de vaisseau, et Mimerel, ingénieur des constructions navales. Nous admettions alors deux classes de navires à éperon : les gardes-côtes et les navires de haute mer. Pour atteindre le but que leur nom indique suffisamment, les gardes-côtes devaient satisfaire aux conditions suivantes : 1° avoir tout leur système de machine abrité contre les boulets ennemis ; 2° être armés d'un éperon assez solide pour résister, en toutes circonstances, aux effets du choc ; 3° être doués d'une grande vitesse ; 4° évoluer avec facilité et promptitude. Pour satisfaire à la première condition d'invulnérabilité, nous donnions au pont principal du garde-côte une tonture convexe, tant dans le sens de la longueur que dans celui de la largeur. Cette tonture avait pour but de rendre le navire insubmersible, en forçant les boulets à ricocher sur la surface du pont[1], et de mettre à l'abri la machine, but auquel concourait d'autre part la disposition des soutes à charbon, qui enveloppaient le mécanisme. Le système de pont à dos d'âne que nous proposions alors est adopté actuellement, dans les mêmes conditions, sur les bâtiments à coupoles de la marine anglaise, et sur les *Monitors* les plus récents des Etats-Unis.

La solidité requise pour l'éperon était obtenue grâce à un mode de construction dont nous présentions un plan détaillé. Ce mode de construction est précisément celui qui a été adopté récemment pour le *Magenta* et le *Solferino*. La vitesse du garde-côte devait être très grande, parce que ce bâtiment, n'embarquant que de petites quantités d'eau, de vivres et de combustible, pouvait facilement être pourvu d'une machine très puissante. Le propulseur était une hélice. La quatrième condition, relative à la promptitude d'évolution, était assurée par l'augmentation facultative de la partie immergée du safran du gouvernail ; plus tard, nous proposâmes un évolueur. Aujourd'hui encore, ces deux dispositions paraissent conserver toute leur opportunité.

A l'égard des navires à vapeur, nous pensions que ces bâtiments, destinés à agir contre des vaisseaux, ne pouvaient être inférieurs à des frégates de 450 chevaux. Enfin, nous décrivions le mode d'attaque que ces bâtiments, aussi bien que les gardes-côtes, devraient employer contre l'ennemi.

Nous proposions encore d'armer la pointe de l'éperon d'un cône explosif, destiné à se loger dans les flancs du navire ennemi, et à y faire l'office d'un fourneau de mine. Plus tard, nous fûmes amené à renoncer à cet accessoire, parce que les effets de l'éperon seul, constatés à Lorient en 1843, prouvèrent que ce supplément de force destructrice était inutile ; mais on sera peut-être forcé d'y revenir aujourd'hui, pour agir sur les murailles des navires cuirassés.

Le conseil des travaux de la marine, saisi de l'examen de l'affaire, approuva l'idée des gardes-côtes, mais pour la Méditerranée seulement. Il trouva l'idée de l'éperon ingénieuse, et pensa qu'elle serait surtout efficace contre des navires de faible échantillon, pourvu que la manœuvre de l'abordage pût s'effectuer dans tous les cas, ce qui lui semblait douteux. Il ne croyait pas d'ailleurs que l'épe-

---

[1] Nous donnions à ce pont convexe la même force qu'à la muraille du navire elle-même, dont il n'était, par le fait, que la continuation (*Rapport de M. de Jonquières*).

ron fût capable de percer la muraille épaisse des grands vaisseaux, et sans trancher la question, qu'il trouvait difficile, il pensait qu'elle ne pouvait être résolue que par des expériences coûteuses.

C'est alors que, pour la première fois, la question fut soumise au conseil d'amirauté. Ce conseil consacra à une discussion approfondie les séances des 4 novembre, 23 et 30 décembre 1842, et résuma sa délibération dans un avis favorable.

Le 27 février suivant, M. le directeur des ports proposa au ministre de faire exécuter à Gâvres et à Lorient les expériences de pénétration que nous avions indiquées, et qui paraissaient au conseil d'amirauté la clef de voûte de tout l'édifice. Il s'agissait de constater la pénétration des boulets dans le charbon de terre et à travers des murailles en bois revêtues de douze à quatorze feuilles de tôle superposées, de 10 millimètres d'épaisseur, et de rechercher les effets produits sur la muraille des navires par l'éperon.

Ces expériences furent exécutées avec un plein succès dans les premiers mois de l'année 1844. Les effets de l'éperon dépassèrent même nos espérances.

Ces résultats, qui remplissaient d'une manière très favorable au projet le cadre tracé par le conseil d'amirauté, et levaient toutes les objections présentées, auraient dû, à ce qu'il semble, ramener la question devant ce conseil; mais les hommes qui dirigeaient le département de la marine avaient changé, les circonstances aussi, et nous-même, nous dûmes prendre la mer. Nous voulions d'ailleurs profiter des progrès rapides de la marine à vapeur pour donner aux détails du système une plus grande perfection, et, vers le commencement de 1848, nous adressâmes au ministre le résultat de ces nouvelles études. '

Abandonnant l'idée première d'adapter l'éperon à un bâtiment spécial, ou même à une frégate de 450 chevaux, nous allions droit au maximum de la force militaire, au vaisseau de cent canons. Les bases de notre conception se trouvaient, comme on voit, singulièrement élargies. Ce qui entraînait et enhardissait ainsi notre pensée, c'était le progrès rapide de la construction des machines à vapeur, l'emploi de la moyenne pression et de la connexion directe, but vers lequel l'art semblait tendre dès lors, tant en France qu'en Angleterre; c'était surtout le succès inespéré des expériences de Lorient sur la pénétration et la solidité de l'éperon. Enfin, nous étions vivement encouragé par les amiraux Casy et Verninhac à développer une idée qui tout d'abord avait obtenu le suffrage d'hommes tels que MM. Lalande, Duperré et Tupinier, que le conseil des travaux avait également approuvée en principe, tout en critiquant quelques détails, et qui, dès 1842, avait reçu une impulsion décisive dans le sein du conseil d'amirauté. Le succès des expériences de Lorient, ordonnées par le conseil, était encore dans toutes les mémoires, et l'on pensait généralement dans la marine qu'une application de notre système aurait été ordonnée dès 1844, sans les changements survenus à cette époque dans le personnel. Nous étions en 1848, et il fallait réparer le temps perdu.

Nous avions pour but de transformer le vaisseau de cent canons en vaisseau à vapeur à éperon, de telle sorte : 1° qu'il ne perdît rien de sa hauteur de batterie ; 2° qu'il embarquât quatre mois de vivres ; 3° qu'il conservât toute son artillerie ; 4° qu'il prît quarante-cinq jours d'eau, sans compter celle qui serait fournie par un appareil distillatoire ; 5° que sa stabilité ne fût pas altérée ; 6° que sa marche à la voile ne se trouvât pas sensiblement amoindrie ; 7° qu'il fût pourvu de sept jours de charbon à la vitesse normale de $9^n,88$ en eau calme. Cette dernière prétention, que bien des gens trouvaient alors téméraire, péchait au contraire par la timidité. On supposait que les coefficients de résistance des carènes ne variaient pas sensiblement avec leurs dimensions ; mais l'expérience a prouvé qu'il n'en est pas ainsi, et que cette résistance est à peu près moitié moindre, proportion gardée, quand on passe de la carène d'un aviso à celle d'un vaisseau : aussi a-t-on obtenu des vitesses de 12 nœuds, quand on croyait n'en atteindre que 10.

Le mémoire était consacré à l'exposition du système qui devait satisfaire à ce programme. C'était la description complète de tout le vaisseau : coque, armement, machine et emménagements. Tous les détails de construction étaient combinés et remaniés de manière à tendre au but principal, l'efficacité de l'éperon ; c'était, en un mot, une œuvre complète d'ingénieur maritime que nous présentions au ministre.

Les proportions nouvelles données à notre projet effrayèrent les esprits, et, pour la première fois, le conseil des travaux, attaquant à la fois le fond et la forme, repoussa une idée qui semblait avoir pris racine dans la marine française ; mais cette opposition ne fut pas de longue durée, et, dans le courant du mois de juin 1849, un avis plus favorable fut adressé au ministre.

Le conseil d'amirauté fut de nouveau saisi de la question, et cette fois les dernières objections soulevées contre nos projets furent définitivement écartées.

« L'éperon, disait le rapporteur, est, pour les combats sur mer, l'arme de l'avenir. A la vérité, si l'on doit combattre de loin, comme dans l'attaque d'une forteresse par un vaisseau, il est permis de douter que l'homme parvienne jamais à découvrir une source de force plus commode et plus énergique que celle de la poudre à canon, dont les effets consistent à projeter avec rapidité, dans l'espace, des projectiles massifs ou incendiaires. Mais il n'en est pas de même si le corps qu'il s'agit d'atteindre peut être directement abordé. Une portion notable de la force balistique est alors inutilement absorbée par la résistance de l'air. Les anciens, qui ont eu à un plus haut degré que nous le génie de la guerre et de la destruction, l'avaient bien compris ; ils ne se servaient du choc à distance que lorsqu'ils ne pouvaient pas faire autrement. Dès qu'ils eurent, sur mer, l'idée de remplacer les projectiles par le choc direct des navires armés du rostrum, la guerre maritime fut transformée. C'est au rostrum, non moins qu'à la disposition du champ de bataille, que la Grèce dut son salut à Salamine, et cet instrument si simple, devenu l'emblème de la puissance navale, fut exposé, sur toutes les colonnes des places publiques, à la vénération des peuples dont il avait sauvegardé l'indépendance. Mais, plus tard, les navires destinés à affronter des mers plus étendues et plus dangereuses, durent éprouver dans leurs formes des modifications propres à les rendre plus résistants, et une diminution économique dans leurs équipages. Ne pouvant plus être mis en mouvement par la force de l'homme, ils devinrent inhabiles à se mouvoir en tous sens, à cause de la direction capricieuse du vent. Dès lors l'éperon devint une arme rarement utile, et l'artillerie, quoique moins puissante, vint le détrôner complétement.

» Aujourd'hui que la vapeur nous a rendu avec plus d'énergie cette force docile que les bras offraient jadis, la question redevient ce qu'elle était. Qu'est-ce, en effet, qu'un bâtiment à vapeur, sinon une ancienne galère, dans laquelle les rames ont été remplacées par les roues ou l'hélice, les vivres par du charbon, et les bras de l'homme par les organes de la machine ? Les navires à vapeur se meuvent en tous sens avec des vitesses inconnues aux anciens ; les choses sont donc revenues au point de départ, et les effets directs du choc doivent, comme par le passé, devenir l'arme principale des navires, remplacer les armes de jet, annuler les effets d'une manœuvre compliquée, les combinaisons de la tactique navale, et la supériorité qui est particulièrement basée sur la spécialité des hommes voués au métier difficile de la marine à voiles. Telles sont, en peu de mots, les considérations qui dominent la question ; elles suffisent pour signaler le but, en faire comprendre l'importance et justifier les efforts faits pour l'atteindre.

» Comme problème d'architecture navale, adapter un éperon solide à un vaisseau de guerre est une chose praticable et même facile. Les plans présentés par M. Labrousse ont satisfait, sous le rapport de la solidité, les hommes spéciaux et compétents. Ajoutons que l'éperon, adapté à la caisse d'expériences de Lorient, était établi d'après les mêmes principes, et que, malgré les chocs énormes qu'il a eu à subir, sous des vitesses de plus de 12 nœuds et sous des angles divers, il n'a jamais souffert la moindre altération ni dans ses pièces ni dans ses liaisons.

» Sous le rapport des qualités nautiques, l'éperon, placé très peu au-dessous de la flottaison en charge, paraît offrir plusieurs avantages : il augmentera la vitesse du navire, dont il affine les façons ; il contribuera, par la nature et la force des pièces qui le composent, à augmenter la solidité de la proue ; enfin, il aura pour résultat d'opposer aux feux d'enfilade de l'artillerie ennemie, une muraille plus forte, plus résistante et surtout plus aiguë, qui tendra à faire ricocher la plupart des boulets.

» Examinons quel sera l'effet dynamique de cette machine de guerre.

» La pénétration d'un corps dans un autre dépend, toutes choses égales d'ailleurs, de la force vive du corps choquant, ou, en d'autres termes, du produit de la masse par le carré de sa vitesse. Or, peu importe que dans ce produit ce soit la vitesse ou la masse qui prédomine ; l'effet sera le même si le produit ne change pas. Ainsi, un vaisseau de premier rang, animé d'une simple vitesse de 75 cent. par seconde, se trouve, à cet égard, dans les mêmes conditions qu'un boulet de canon au moment où il sort de la bouche de la pièce. La pénétration dépend aussi de la forme de l'éperon ; celui de M. Labrousse est une espèce de cône pointu, revêtu de bronze, d'un angle d'environ 60°. Les expériences de Lorient ont prouvé que la pénétration de ce cône dans un massif de bois de chêne est peu inférieure à celle d'un boulet de 15 kilog.

» On ne peut donc douter qu'avec deux ou trois nœuds de vitesse au maximum, l'éperon tout entier d'un vaisseau ne pénétrât dans le flanc d'un vaisseau ennemi.....

» En face d'un si terrible adversaire, toute lutte serait impossible pour des vaisseaux ordinaires. Il faudra donc, et c'est la dernière prévision de M. Labrousse, dès qu'une nation maritime aura adopté ce redoutable engin, que les autres l'adoptent aussi, sous peine d'une extrême infériorité. Le système de guerre maritime se trouvera ainsi forcément changé ; les combats deviendront des combats d'éperon contre éperon. Or, la seule manœuvre rationnelle entre deux navires semblables, c'est de courir droit l'un sur l'autre, de s'élonger de bout à bout, de s'accrocher avec des chaînes, comme faisaient, au moyen du corbeau, les Romains à l'égard des Carthaginois, et d'engager corps à corps une lutte décisive, où la spécialité nautique n'a plus d'influence. »

Le rapporteur insistait ensuite sur l'opportunité que donnaient à nos propositions l'attitude équivoque et les préparatifs menaçants d'une grande nation voisine et rivale de la France, et concluait en présentant un projet d'avis dont nous ne reproduirons que les motifs principaux :

« Le conseil d'amirauté, consulté sur la question de savoir s'il y a lieu d'entreprendre immédiatement les expériences relatives à l'éperon proposé depuis plusieurs années par M. Labrousse, considérant que ce projet a été regardé, dès le principe, comme renfermant une idée heureuse et qui pourrait être féconde; que telle a été l'opinion d'amiraux et d'ingénieurs éminents, et notamment celle du conseil d'amirauté en 1842; qu'en effet, si les prévisions de l'auteur se réalisent, le système de guerre maritime tendrait à se modifier complétement dans l'avenir au profit des puissances secondaires, lesquelles ont moins d'hommes spécialement voués au métier de la mer, mais qui possèdent plus de soldats; — que l'impulsion active donnée à l'exécution de ce plan par le conseil d'amirauté, en 1842, ne s'est ralentie que par suite des expériences qui furent alors reconnues nécessaires pour constater les effets de l'éperon sur des masses de bois ou des murailles de navires, expériences desquelles le conseil faisait dépendre toute la destinée du projet; — que ces expériences, faites à Lorient en 1843 et 1844, ont prouvé l'efficacité des moyens proposés par M. Labrousse pour blinder le bâtiment contre les feux d'enfilade venant de l'avant; que, relativement à la pénétration de l'éperon, elles ont exactement confirmé les prévisions d'une théorie basée sur les principes ordinaires de la mécanique, sur les lois du choc et sur les expériences de pénétration des projectiles sphériques de l'artillerie; que les incertitudes qui entourent cette partie essentielle de la question sont en très grande partie dissipées, et qu'il est à peu près certain que les effets de l'éperon adapté aux vaisseaux seront tels que l'auteur les avait indiqués; — que l'application de la vapeur à la locomotion des navires tend à assimiler leur manœuvre à celle des galères antiques, qui étaient armées d'éperons; que la faculté de les diriger en tous sens assure, en général, l'effet de l'éperon, surtout au milieu d'une mêlée; — que des vaisseaux à vapeur auront eux-mêmes sur le vaisseau-éperon le désavantage de redouter un abordage qu'ils ne peuvent donner; qu'ainsi, le vaisseau-éperon semble devoir être, dans toutes les circonstances, un très redoutable adversaire pour les bâtiments à voiles et à vapeur actuellement existant dans les marines européennes; — que l'addition de l'éperon ne semble devoir être préjudiciable à aucune des qualités nautiques des vaisseaux, et qu'elle n'enlève rien d'ailleurs à leur force militaire actuelle; — que l'éperon, si son efficacité était bien reconnue, permettrait à la France de transformer subitement en machines de guerre formidables un grand nombre des bâtiments à vapeur qu'elle possède,

» Est d'avis, quant au principe, qu'il importe d'entreprendre le plus tôt possible des expériences décisives au sujet du vaisseau-éperon.

» Quant au mode d'exécution, considérant que les plans du vaisseau à éperon présentés par M. Labrousse ont l'inconvénient de compliquer la solution d'une question fort grave en elle-même, de questions accessoires controversables, telles que celles relatives à une machine à vapeur de dimensions inusitées jusqu'à présent, à un arrimage spécial, à une mâture non encore expérimentée ; — qu'il est préférable de ne faire entrer qu'une seule inconnue dans le problème à résoudre, et qu'il convient par conséquent d'appliquer l'éperon à un vaisseau à vapeur dont le système général offre toute garantie ; — que le vaisseau mixte de cent canons *l'Austerlitz* semble satisfaire aux conditions que demande l'auteur du projet.....

» Est d'avis qu'il y a lieu de choisir ce vaisseau pour y adapter une proue à éperon, suivant les plans proposés par M. Labrousse. »


On voit que l'habile rapporteur du conseil d'amirauté, après avoir apprécié et fait ressortir avec lucidité les avantages de notre système, se séparait de nous quant au mode d'exécution, et n'osait conclure qu'à une tentative d'application économique et presque timide. A ce sujet, il convient d'observer que l'événement a donné raison à celles de nos prévisions qui, en 1849, semblaient encore trop hardies. Ainsi, les réductions que présentait la mâture de notre modèle ont été bien dépassées dans ceux qu'on a exécutés depuis ; le lest a été supprimé ; les machines ont été construites d'après le système que nous proposions, etc.


## III


A la suite du rapport dont nous venons de citer quelques passages et de la discussion approfondie à laquelle il donna lieu dans le courant du mois d'août 1849, le conseil d'amirauté, présidé par le vice-amiral Hamelin, tout en émettant un avis unanimement favorable à l'application immédiate, se borna à proposer au ministre de faire cette application, non pas sur un vaisseau d'un modèle spécial, comme nous l'avions demandé, non pas même sur le vaisseau mixte de 100 canons, *l'Austerlitz*, mais sur une simple corvette à vapeur de 250 à 300 chevaux. Ainsi les arguments si multipliés et si concluants du rapport n'eurent pas la puissance de faire adopter pleinement des conclusions qui pourtant faisaient une ample concession à l'esprit de tergiversation et de retenue, puisqu'elles ne reproduisaient qu'en partie les nôtres. A son tour, l'administration, dominée par diverses considérations plutôt financières que techniques, ne donna aucune suite aux propositions du conseil.

Aujourd'hui que ces idées, alors nouvelles, ont passé enfin du domaine de la théorie dans celui de la pratique, il paraît tout simple de posséder des vaisseaux à hélice de 1,000 chevaux, sans lest, presque sans mâture, et armés d'un éperon. Mais il a fallu, pour en arriver là, que le temps dissipât bien des préventions, fît oublier de vieilles habitudes, et familiarisât les esprits avec des innovations en apparence très hardies.

Toutefois, depuis l'époque dont nous parlons, l'expérience n'a apporté, en ce qui concerne particulièrement l'éperon, aucun perfectionnement de quelque importance au mode de construction et d'installation que nous avions proposé. Après avoir emprunté à l'antiquité l'idée première de cette machine, nous avions dû nous préoccuper avant tout du problème délicat de l'adapter, dans des conditions pratiques, à des bâtiments qui, par leur grandeur et leur vitesse, n'avaient rien de comparable avec ceux des Grecs et des Romains, et nous avons eu la satisfaction de voir, quand l'application en a été faite sur le *Magenta* et le *Solferino*, que nos calculs ne nous avaient pas trompé. Mais nous le reconnaissons volontiers, il était bien permis, en 1849, de concevoir des doutes sur le succès d'une œuvre si éloignée des données qu'on avait sous les yeux.

Tous ces doutes sont aujourd'hui dissipés. Longtemps soumis aux vicissitudes de la controverse, l'éperon a définitivement gagné sa cause. Pour toutes les personnes qui s'occupent de la marine, c'est l'arme la plus redoutable qu'on puisse employer contre des navires, et c'est aussi la mieux appropriée au génie militaire de notre nation, puisqu'elle a pour conséquence probable la substitution forcée des combats à l'abordage aux combats d'artillerie. Aussi notre opinion, partagée aujourd'hui par un grand nombre d'hommes compétents, est que l'emploi de l'éperon doit être généralisé sur notre flotte de guerre. Quelques personnes pensent, il est vrai, que l'application de cette arme n'a acquis toute son opportunité qu'à dater du jour où les bâtiments ont été protégés extérieurement par des cuirasses, et qu'elle était au moins prématurée à l'époque où nous luttions si ardemment pour la faire prévaloir[1]. Cette idée nous semble erronée. Si l'on a suivi avec un peu d'attention les considérations présentées par l'auteur du rapport au conseil d'amirauté, on doit demeurer convaincu que le vaisseau à éperon tel que nous le proposions n'était pas dans des conditions moins avantageuses qu'aujourd'hui pour l'abordage. Grâce à la finesse des formes de l'avant et à ses soutes de blindage transversales, il n'était pas moins protégé contre les coups d'enfilade que ne le serait aujourd'hui le *Solferino* dans les mêmes circonstances ; et, d'un autre côté, il avait, sur ce dernier vaisseau, l'avantage d'avoir à attaquer des adversaires sans cuirasse, qu'un seul coup d'éperon, même très oblique, eût suffi pour couler à fond.

Les conditions ne sont plus exactement les mêmes aujourd'hui ; elles sont moins favorables à l'assaillant. Evidemment, il faudra désormais une vitesse plus grande et une direction plus normale dans le choc, pour obtenir les mêmes effets. Nous croyons pourtant que l'éperon pourra produire encore des effets décisifs, malgré l'accroissement de résistance que les cuirasses ont donné aux navires contre la pénétration. Mais c'est un motif de plus, à nos yeux, pour ne pas s'écarter de la forme conique que nous lui avions, dès le principe, assignée. C'est, en effet, la seule forme qui fasse concentrer sur un seul point de la carène ennemie toute la force vive du vaisseau abordeur, et qui assure la meilleure chance de la percer ou de l'enfoncer[2]. Il n'en serait pas de même pour les proues tranchantes ; outre des réactions plus violentes pour l'abordeur, le choc, réparti sur un plus grand nombre de plaques de fer, serait ainsi disséminé, et perdrait beaucoup de son effet destructeur. La forme conique est aussi la seule qui permette d'atteindre et de briser l'hélice du navire abordé, et qui offre une possibilité sérieuse d'entamer sa cuirasse dans les chocs obliques. Elle est la seule enfin à

---

[1] Voici, en effet, la note qui termine un article de cette Revue, consacré aux navires cuirassés (livraison du 30 avril 1862, p. 779) :

« Cette pensée (l'abordage par les navires-beliers), qui a été celle du constructeur de nos frégates types *Gloire* et *Solferino*, à en juger par la constitution de l'avant de ces frégates, a été préconisée en France, depuis 1840, par M. Labrousse. Cet officier a fait au port de Lorient, en 1843, des épreuves sur le percement d'une muraille de vaisseau au moyen d'un poids de 50 tonneaux, armé d'un éperon métallique, et lancé à une vitesse inférieure à 6 mètres par seconde. Cette idée n'était vraisemblablement applicable qu'avec l'introduction des navires cuirassés, car un navire ordinaire serait trop exposé à être écrasé par l'artillerie de son adversaire pendant les tentatives d'abordage par l'avant. Quoi qu'il en soit, l'idée du belier, appliquée sur nos frégates cuirassées, est aujourd'hui vulgarisée en Amérique et en Angleterre. »

[2] Surtout si, immédiatement avant l'abordage, on a soin, au moyen de pièces convenablement pointées d'avance, d'opérer, dans les parages du futur point de contact, des désordres qui favoriseraient considérablement l'action de l'éperon, surtout dans les chocs obliques. L'efficacité de ce moyen serait à peu près nulle pour les proues tranchantes.

l'aide de laquelle on puisse revenir à la solution de ce problème d'un éperon explosible, que nous avions aperçu il y a déjà bien des années, comme on l'a vu plus haut, et auquel il faudra peut-être revenir un jour.

Après avoir prouvé que l'abordage sera la conséquence presque inévitable de l'adoption de l'éperon, il nous resterait à indiquer encore les moyens de le rendre toujours possible et efficace. Mais cette question, qui ne laisse pas que d'offrir des difficultés à cause de la grandeur des masses en mouvement, nous entraînerait trop loin. Pour le moment, il nous a paru suffisant de faire ressortir les avantages que la France peut attendre de l'adoption générale d'une arme proposée par nous dès 1840, c'est-à-dire à une époque où il y avait peut-être quelque mérite à en pressentir l'efficacité.

Paris. — Imprimerie de DUBUISSON et Cᵉ, rue Coq-Héron, 5.

POLITIQUE. — PHILOSOPHIE. — HISTOIRE. — LITTÉRATURE.
SCIENCES. — ARTS. — VOYAGES.

# REVUE

# CONTEMPORAINE

Recueil universel fondé le 15 avril 1852, et rédigé par des membres de l'Institut, des Sénateurs, des Députés, des membres du Conseil d'État, des Magistrats, des Officiers de terre et de mer, des Professeurs et la plupart des écrivains distingués de l'époque.

PARAISSANT DEUX FOIS PAR MOIS, LE 15 ET LE DERNIER JOUR DU MOIS,

Par volumes de 200 à 230 pages, et formant chaque année six gros tomes de 800 à 1,000 pages. — La 2e série a commencé le 1er janvier 1858.

## PRIX D'ABONNEMENT

PARIS, *un an*, 50 fr. — *Six mois*, 26 fr. — *Trois mois*, 14 fr.
DÉPARTEMENTS, *un an*, 56 fr. — *Six mois*, 29 fr. — *Trois mois*, 15 fr.
ÉTRANGER, *le port en sus, suivant le pays.*

On s'abonne aux Bureaux de la REVUE, *rue du Pont-de-Lodi, 1, à Paris;* dans les départements, chez tous les *Libraires*, dans les *Bureaux des Postes* et des *Messageries;* et à l'étranger, dans toutes les *Librairies* et aux *Directions des Postes.*

Pour le royaume de Pologne, chez ISSAKOFF.